HORÓSCOPO MONO 2023

Angeline A. Rubi y Alina A. Rubi

Publicado Independientemente

Autora: Angeline A. Rubi y Alina A. Rubi

E-mail: rubiediciones29@gmail.com

Edición: Angeline A. Rubi

rubiediciones29@gmail.com

Introducción

El calendario chino es antiguo y complejo, y nunca ha sido simplificado. Muchas culturas sustituyeron el calendario Lunar por el calendario del Sol.

El calendario chino, islámico y hebreo, se rigen por las fases lunares. Es un sistema complicado ya que no solo se rigen por los ciclos lunares, sino que incluyen también el ciclo solar, el de Júpiter y Saturno.

Los chinos consideran que la energía universal está regida por el equilibrio. El concepto de Yin y Yang es el más importante dentro de ese equilibrio. Yin es opuesto a Yang y viceversa, pero juntos alcanzan el equilibrio total. Esta energía la podemos encontrar en todo lo que existe, lo tangible y lo intangible.

El simbol del Ying/Yang se divide en dos mitades, una es negra (Yin) y la otra blanca (Yang). Ambas partes están unidas en el medio por una elipse que las enlaza constituyendo una curva. Sus colores, negro y blanco significan que existe la dualidad, y que para que subsista una, innegablemente tiene que existir la otra. Dentro del Yin hay un círculo Yang, que simboliza que la oscuridad siempre requiere de la luz. Dentro del Yang encontramos un círculo Yin, indicándonos que dentro de la luz siempre encontraremos oscuridad.

La elipse que los une significa que todo fluye, se transforma y evoluciona. Si existe un desbalance de cualquiera de estas dos energías, Yin o Yang, nuestra vida no está equilibrada, ya que juntas se fortalecen. Nunca debemos pensar que una energía es superior a la otra, ambas deben concurrir equitativamente.

Desafortunadamente en nuestra sociedad existe una tendencia a favorecer la energía Yang, pensando que sus características son las más significativas. Al hacer esto creamos una división entre el plano espiritual y material, pues al reducir el valor de la energía Yin somo menos reflexivos pensando que la susceptibilidad es algo negativo, pues implica fragilidad.

Lo mismo sucede con la oscuridad, no solo la evitamos, sino que tenemos miedo de ella. Ambas energías son importantes. Solo podemos ser seres espirituales cuando hay un equilibrio entre el Yin y Yang porque no solo eres luz, sino también oscuridad. Es un error valorar y privilegiar lo fuerte, o la acción. Debemos apreciar y valorar lo femenino, y la sensibilidad, ya que solo de esa forma podremos alcanzar el verdadero equilibrio de nuestro ser, desde una posición de amor y firmeza.

En los signos del zodiaco chino están presentes la energía Yin y Yang, y ellas son las que estipularán las características de cada animal, y los elementos asociados a estos.

La energía Yin se vincula a lo oscuro, frío, femenino, la abstracción, lo profundo y la Luna. Los signos Yin son pensativos, sensitivos, y curiosos. Ellos son el Buey, el Conejo, la Serpiente, Cabra, el Gallo y Cerdo.

La energía Yang está relacionada a la luz, lo caliente, la superficialidad, el Sol y el pensamiento lógico. Son signos impulsivos, y materialistas. Ellos son: la Rata, el Tigre, Dragón, Caballo, Mono y Perro.

Las energías Yin y Yang se relacionan con los elementos, que a la vez estarán derivándose de los años en que estos sucedan. Cada elemento posee energía Yin y Yang.

- *Los años que terminan en el número **0** su elemento es el Metal, y están relacionados a la energía Yang.*
- *Los años que terminan en el número**1** su elemento es el Metal, y están relacionados a la energía Yin.*
- *Los años que terminan en el número **2** su elemento es el Agua, y están relacionados a la energía Yang.*
- *Los años que terminan en el número **3** su elemento es el Agua, y están relacionados a la energía Yin.*
- *Los años que terminan en el número **4** su elemento es la Madera, y están relacionados a la energía Yang.*
- *Los años que terminan en el número **5** su elemento es la Madera, y están relacionados a la energía Yin.*
- *Los años que terminan en el número **6** su elemento es el Fuego, y están relacionados a la energía Yang.*
- *Los años que terminan en el número 7 su elemento es el Fuego, y están relacionados a la energía Yin.*

- *Los años que terminan en el número 8 su elemento es la Tierra. y están relacionados a la energía Yang.*
- *Los años que terminan en el número* ***9*** *su elemento es la Tierra. y están relacionados a la energía Yin.*

Origen del Horóscopo Chino

El horóscopo chino es una tradición de más de 5000 años, y está basado en los años lunares.

La leyenda cuenta que Buda llamó a todos los animales, no obstante, sólo doce asistieron a su convocatoria en el siguiente orden: la rata, el Buey, el tigre, el conejo, el dragón, la serpiente, el caballo, la cabra, el mono, el gallo, el perro y el cerdo.

Cada animal recibió como regalo un año, formándose el ciclo de doce años que utiliza la astrología china. Por ende, cada signo tiene un nombre de un animal, y a cada animal le corresponde un año.

A cada animal también se le asignó uno de los cinco elementos que se corresponden con las energías planetarias:

- *agua (Mercurio)*
- *metal (Venus)*
- *fuego (Marte)*
- *madera (Júpiter)*
- *tierra (Saturno)*

El Horóscopo chino expresa la analogía de las energías cósmicas con cada individuo. Por esa razón la energía de cada persona está representada por uno de los doce animales que forman este sistema zodiacal.

Cada animal y la energía que te corresponde está determinada por tu fecha de nacimiento. Estas energías definen tus comportamientos, y como percibes el mundo. Para los chinos estos signos simbolizan las particularidades más notables de nuestro carácter. Para entender adecuadamente el significado de los animales tenemos que verlos como símbolos espirituales.

El Horóscopo Chino no está basado en el ciclo solar, sobre el que se fundamenta el horóscopo occidental. Está basado en los ciclos de la Luna. Cada año lunar tiene doce lunas nuevas y cada doce años una decimotercera, por tanto, un año nuevo nunca coincide con la fecha del año anterior.

Los doce animales del horóscopo chino influencian en la vida, suerte y voluntad de todos los seres humanos. Estas cualidades no se manifiestan abiertamente en la vida diaria, pero siempre están presentes, actuando en forma de fuerzas ocultas.

El período chino de doce años está vinculado con el tránsito del planeta Júpiter, y cada año lunar chino en la astrología occidental se corresponde casi al tiempo de duración del tránsito de Júpiter por un signo zodiacal. Júpiter se halla siempre en el signo de la astrología occidental que tradicionalmente se corresponde con el animal del horóscopo chino.

Tu Ascendente según el Horóscopo Chino.

Juntamente con tu signo del horóscopo chino, también tienes un ascendente determinado por tu hora de nacimiento. Este animal tendrá una influencia fuerte en la imagen que proyectas hacia los demás, y en los acontecimientos de tu vida. Debes leer también el horóscopo para el animal que representa tu ascendente.

Este signo del ascendente simboliza la energía que puedes llegar a desarrollar, y las características, que, esforzándote, puedes adquirir. Esa es la razón por la cual en ocasiones tenemos diferentes atributos a los relacionados a nuestro signo.

En el horóscopo chino es muy sencillo determinar tu ascendente, el único dato que necesitas es tu hora de nacimiento.

Hora de nacimiento	***Animal ascendente***
11.00 p. m. a 12.59 a. m.	*Rata*
1.00 a. m. a 2.59 a. m.	*Buey*
3.00 a. m. a 4.59 a. m.	*Tigre*
5.00 a. m. a 6.59 a. m.	*Conejo*
7.00 a. m. a 8.59 a. m.	*Dragón*
9.00 a. m. a 10.59 a. m.	*Serpiente*
11.00 a. m. a 12.59 p. m.	*Caballo*
1.00 p. m. a 2.59 p. m.	*Cabra*
3.00 p. m. a 4.59 p. m.	*Mono*
5.00 p. m. a 6.59 p. m.	*Gallo*
7.00 p. m. a 8.59 p. m.	*Perro*
9.00 p. m. a 10. 59 p. m.	*Cerdo*

Ascendente del Mono

Mono ascendente rata

Nacieron de 11pm a 1 am. Son excesivamente precavidos. Tienen una habilidad increíble para lograr sus metas, aunque se encuentren con el obstáculo más grande en el camino.

Mono ascendente buey

Nacieron de 1 am a 3 am. Son complicados, están llenos de contradicciones internas. No tienen agilidad de pensamientos y esto los lleva a fracasar en ocasiones.

Mono ascendente tigre

Nacieron de 3 am a 5 am. Son muy apasionados, pero su egocentrismo los hace fracasar. Poseen una fuente energía inagotable.

Mono ascendente conejo

Nacieron de 5 am a 7 am. Son prudentes, pero también inteligentes. Son discretos y escogen muy bien sus amigos.

Mono ascendente dragón

Nacieron de 7 am a 9 am. Son avariciosos, y valientes. No son apasionados. Les gusta enfocarse en lo que desean y no paran hasta que no lo consiguen.

Mono ascendente serpiente

Nacieron de 9 am a 11 am. Su poder de seducción se potencia por su inteligencia. Siempre triunfan porque calculan los pro y los contra de una situación.

Mono ascendente caballo

Nacieron de 11 am a 1 pm. Son vagos y tienen poco poder de concentración. Actúan, pero algunas veces es tarde y por eso pierden oportunidades.

Mono ascendente cabra

Nacieron de 1 pm a 3 pm. Tienen un sexto sentido muy agudo. Son románticos y creativos.

Mono ascendente mono

Nacieron de 3 pm a 5 pm. Son ansiosos e interesados. Tienen un temperamento volátil.

Mono ascendente gallo

Nacieron de 5 pm a 7 pm. Adoran los riesgos. Son optimistas y exitosos en todo loque emprenden.

Mono ascendentes del perro

Nacieron de 7 pm a 9 pm. Son generosos y leales. No aceptan mentiras, aunque sean piadosas.

Mono ascendentes del cerdo

Nacieron de 9 pm a 11 pm. Son equilibrados, y tranquilos. No son muy sociables, prefieren estar solos.

Elemento Chino del Año 2023, el Agua

Este año le rinde tributo al agua, es decir el Yin será el elemento del año. El mismo simboliza la compasión, tranquilidad, el discernimiento y la simplicidad. El agua representa el despertar intuitivo, es una llamada a depurar nuestra conciencia. Este año se abre un portal a la meditación para que podamos encontrar la paz interior. Es una señal para abrir nuestra mente y el corazón, y será la única forma que podremos recibir lo nuevo.

La creatividad es una de las principales cualidades que caracterizan a este elemento, también la adaptabilidad. Sin agua no es posible la existencia de ningún organismo en el planeta tierra, el agua es pura y cristalina, características que reúnen los que poseen este elemento.

El elemento agua en la astrología china representa la sabiduría, y la habilidad de adaptarse a cualquier situación. El agua, por naturaleza, drena y humedece. Cala todas las fisuras, adquiere cualquier forma, es el mejor diluente y arrasa todo en su camino, destruyendo incluso las piedras.

Las personas que pertenecen a los signos del elemento agua pueden usar moderadamente las aptitudes de los demás y apartar fácilmente todos los obstáculos de su camino. No obstante, sus propósitos pueden verse dañados por su escasez de fortaleza. Los que pertenecen a este elemento son impetuosos, van al extremo de las cosas, pero también son proclives al análisis y se acomodan bien a cualquier circunstancia. Son afables, tolerantes y tienen mucha intuición lo que les permite predecir posibles sucesos.

Significado de los Elementos en el Horóscopo Chino

Metal

Las personas que nacieron en los años que terminan en 0 o 1 en el horóscopo chino están categorizadas dentro del elemento metal. El metal, materia de la que están confeccionados los escudos y las espadas, es el elemento que simboliza la firmeza, y la honestidad, pero también la severidad.

El Metal es el elemento del otoño, estación de la recolección y abundancia. Es dual como las funciones de su elemento, ya que en forma de espada liquida, y de cuchara alimenta. El Metal procede de la tierra, es dominado por el Fuego y transfigura la madera.

La personalidad de estos individuos que pertenecen al elemento metal tiene una tendencia a ser fuertemente ambivalente. Ellos se desenvuelven mejor cuando están solos ya que así no tienen que rendirle cuentas a nadie.

Son decididos, forjadores de su destino, tercos, profesionales e indiferentes a cualquier intento de compromiso. Su libertad es lo primordial, y es inútil intentar presionarlos, y mucho menos ayudarlos, porque no escuchan a nadie y no aceptan intrusiones e impedimentos. Eligen contar sólo consigo mismo, y no se dejan impresionar por nadie, ya que son poderosos y están capacitados para ejecutar grandes trabajos.

Para ellos no existen dificultades que los detengan, y aunque una situación se torne insostenible ellos resisten hasta el final. Son ambiciosos y calculadores, aman el dinero, poder y éxito, y no escatiman en los medios para alcanzar sus propósitos, aunque eso signifique romper relaciones.

Están diseñados para las carreras que les faculten expresar su elemento: joyeros, financieros, seguros de cualquier tipo, cerrajeros, mineros, cirujanos, y para cualquier contexto que les permita distinguirse de los demás. También pueden obtener éxito en profesiones conectadas con la madera o el papel. Le resultarán beneficiosas las relacionadas con el agua, las que tienen relación con la tierra pueden causarles conflictos y deben alejarse de aquellas que se relacionan con el elemento fuego.

No les interesan los sentimientos, y no se conmueven por las dificultades de los demás, hasta el punto de llegar a manipularlos si con eso pueden obtener alguna ventaja. Los que sufren las consecuencias son específicamente las personas del elemento madera, ya que los manipula y somete con agresiones frontalmente. Sin embargo, las personas del elemento agua, como son receptivas reciben un empujón efectivo que les beneficia enormemente. Los únicos que realmente pueden doblegarlos son los individuos que pertenecen al elemento Fuego, ya que dominan su insensibilidad y su severidad con una contagiosa emoción.

Físicamente puedes reconocer a una persona del elemento metal por su mirada tristona y el color anémico de su cara. Es frágil, propenso al estrés, y puede verse afectado por los cambios de temperaturas, y de una nutrición escasa. Esa es la razón por la que deben estimular su apetito, enfatizando los comidas que tengan picantes.

La estación más favorable para ellos es el Otoño, y durante la misma puede desarrollar al máximo sus potencialidades, aunque eso no significa que deba excederse, o ser testarudo. Debe usar ropas blancas, y utilizar como amuleto metales, y cuarzos blancos.

El Metal es rígido y tajante, no le teme al peligro. Es un tipo de persona independiente, que, animada por la codicia, procede con perseverancia, se concentra en el éxito, planifica por adelantado, y detesta lo espontáneo.

Una vez que adopta un camino no lo cambia. A pesar de su insensibilidad externa las personas de este elemento irradian un magnetismo que lo perciben todos con quienes se conectan. No obstante, para beneficiarse de sus habilidades, deben aprender a ser menos dogmáticos ya que esto interfiere en sus relaciones.

Las personas nacidas bajo el elemento metal deben educarse, para que puedan expresar sus emociones. Si no lo hacen sentirán que disminuyen sus energías.

Tierra

Las personas que nacieron en los años que terminan en los números 8 o 9 pertenecen al elemento tierra. A este elemento le corresponden las características de la firmeza, persistencia y fecundidad. Aunque en la astrología china, la Tierra no tiene una estación propia, se relaciona en el calendario con las últimas dos o tres semanas de las otras estaciones.

La Tierra es el elemento que representa la estabilidad, y lo tangible, pero si existe un exceso transforma a las personas en cautelosas, recelosas y testarudas, restringiendo sus iniciativas y fantasías.

La persona del elemento tierra es paciente y humilde, siempre trabaja con constancia, sin otorgarse un instante de regocijo o desorden. No se cansa nunca, y puede ser tan afanoso y materialista, como ingenuo y prudente. Su característica más incuestionable es su desánimo acentuado. Es demasiado serio, le encanta planificar y dirigir, se siente horrorizado por las casualidades, y, aunque es inteligente y tiene una memoria excepcional, le molesta mostrarse resplandeciente.

Infatigablemente reflexivo, ambicioso y angustiado, se expone de esta forma a recargar el bazo, un órgano relacionado con este elemento, y que se debilita cuando la persona tiene una mentalidad aguda.

La persona que pertenece a este elemento cimienta las relaciones personales paulatinamente, pero perdura por mucho tiempo. Es muy devoto y defensor en el amor, siempre listo a contraer y cumplir sus responsabilidades, y aunque no es demostrativo en sus emociones es un hombro con el que siempre se puede contar porque estará a tu lado en los momentos que lo necesites.

En su trabajo son serios y de carácter retraído, pero también organizados, y de confiar. Son las personas indicadas para llevar los negocios con una moralidad, austeridad y honradez a prueba de fuego. Su raciocinio los hace ser insuperables intermediarios en los problemas, contribuyendo con sus propias salidas prácticas y oportunas. Es competente para profesiones que requieran destreza, pero que no involucren tomar iniciativas, o situaciones de liderazgo.

Aunque no es una persona fácil de soportar, por lo caprichosa y nostálgica que es, y por su incompetencia de ser alegre, se conecta bien con el elemento metal, al que inculca estabilidad, y con el agua, al que logra contener y gobernar diestramente.

Usualmente tiene conflictos con el elemento madera, ya que, aunque la protege en ocasiones también la sofoca, y con el Fuego, que lo impulsa tanto como lo debilita.

El elemento tierra, se relaciona con el planeta Saturno. Debe ser muy cuidadoso con él consumo de dulces, algo que le encanta, ya que es afín con su elemento. Deben escoger siempre el dulce natural, y limitar el uso de azúcar blanca ya que esto destruye el calcio de su sistema óseo. Su otro punto débil es el sistema digestivo, que suele castigarle fuertemente, por esa razón debe conservar una dieta liviana y de cómoda digestión. Es recomendable que busque el contacto directo con la madre Tierra, caminando descalzos por la arena o en el campo.

Su color de la suerte es el amarillo, y sus cuarzos el topacio, y la citrina.

La Tierra representa la riqueza, sensatez, el materialismo, y la seguridad. Estas personas suelen ser introspectivas lo que les hace tener una gran capacidad de raciocinio. La Tierra es el recipiente de la vida y esto sella de forma imborrable a los nacidos bajo el influjo de este elemento, ya que son personas estables en quién puedes delegar.

La tierra se alimenta del fuego, generando una gran energía que calienta y funde al metal, puede llegar a someter al agua, y ser consumida por la madera.

Para sentirse bien, la persona del elemento tierra necesita seguridad material, aunque hay que destacar que es hacendoso, formal y organizado. Se le puede recriminar por ser pretensioso, pero por sus méritos ellos avanzan hacia sus metas lentamente, obteniendo resultados estables.

Fuego

Las personas que nacieron en los años que terminan en 6 o 7 se corresponden con el elemento fuego. A este elemento le pertenecen la pasión, la valentía y el liderazgo. El elemento fuego es el elemento de la estación del verano, donde todo fructifica y llega a su consumación. Está relacionado al planeta Marte, beneficioso, pero en ocasiones impulsivo. Es desmedidamente estéril y simboliza a la persona que sobresale, pero también que maltrata de los demás. Combativo, vanidoso, e irritable, la persona de este elemento pasa del enojo al júbilo desenfrenadamente.

Desde niño tiene una personalidad de líder, la ambición está presente en su vida, le gustan los peligros, la risa, el entusiasmo y el conflicto. Las dificultades en vez de amilanarlo lo incitan a proceder, y en estos casos sufren una metamorfosis violenta.

Estas personas nacieron para vencer, pero no saben admitirlo, porque no alcanzan a observarse y explotar sus energías. Geniales en el área militar, el deporte, y como jefes, ya que los demás perecen ante su carisma. Saben cómo utilizar las energías del elemento madera, utilizando su genialidad a su servicio, e induce en las personas del elemento tierra el coraje vital para seguir avanzando. Las personas del elemento agua tienden a extinguir su pasión, y las del metal los colocan a prueba con una rigidez que drena su campo energético.

El órgano más fácilmente dañado en estas personas es el corazón, existe la posibilidad de que sufran taquicardias. Además, pueden sufrir de los oídos, y el intestino. Deben usar ropas de colores vivos, entre los que prevalezca el rojo, y también usar como amuletos los cuarzos como granates y hematitas. También debe utilizar incienso y velas.

Desprendidas, apasionadas y oportunistas estas personas tan carismáticas, se comunican bien y se centran en la acción. Su egoísmo y deseos de triunfar son incalculables y sólo confían en su propios puntos de vistas. Tienden a descuidar los detalles ya que a veces son testarudas y se embarcan en metas que requieren trabajos intensos.

Las personas nacidas bajo la influencia del elemento fuego son positivas, siempre dan lo mejor y se implican en todo lo que hacen con amor y con voluntad. Sus energías sirven para sustentar a quienes están en su entorno y carecen de ella.

El fuego calienta el hogar, nos permite preparar los alimentos. Este elemento nutre la tierra a través de las cenizas, se alimenta de leña seca, es decir la madera, su calor domina el metal, es decir, lo hace flexible, y solo puede ser dominado por el agua.

Un líder siempre tiene abundancia del elemento fuego y siempre se inclina a tomar decisiones rápidas. Le atraen las ideas poco convencionales, no le teme al peligro, y siempre está en movimiento. Es importante que aprenda a tener inteligencia emocional, porque la arrogancia puede fortalecer su egoísmo y hacer que sea incontrolable, específicamente cuando tropieza con obstáculos. Este estilo autodestructivo es principalmente sobresaliente en la juventud.

El éxito acompaña a las personas del elemento fuego, pero ellos deben tener mucha cautela con la inestabilidad y la inquietud, que son las insuficiencias más usuales de los nacidos bajo el fuego. Es mejor dominar estos defectos, para no ser esclavizados por ellos. Deben buscar un lugar tranquilo donde puedan estar en paz, y la meditación también les aportará equilibrio.

Las personas del elemento fuego son tenaces, y lucrativas.

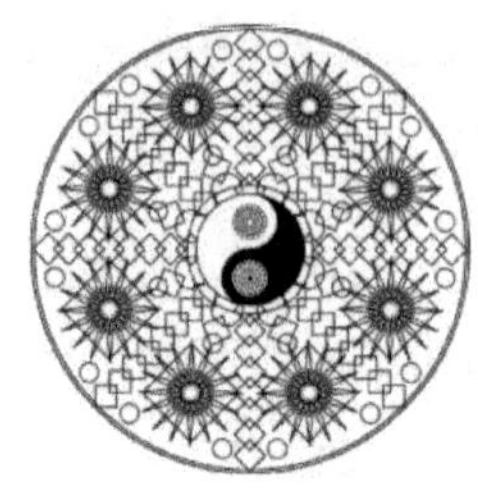

Madera

Las personas que nacieron en los años que terminan en los números 4 o 5 pertenecen al elemento madera. La madera es el elemento que simboliza la armonía, belleza, y creatividad. Tienen un grado de confianza en sí mismas muy alto, y una voluntad de hierro, lo cual las convierte en las personas apropiadas a la hora de luchar por una causa justa.

La madera se relaciona con el planeta Júpiter, es el más beneficioso de los elementos, símbolo de permanencia y conocimientos. Adaptable, se dobla cómodamente, y tiene múltiples usos, caracterizando a las personas comunicativas, dadivosas y honestas.

Las personas del elemento madera, son creativas, y vitales, pero algunas veces son dispersas e incapaces de encontrar su camino y cumplir sus propósitos. Confían en los demás hasta la inocencia, y les gusta codearse con todo el mundo, descubrir siempre cosas nuevas para divulgar y satisfacerse. Le atraen la naturaleza, y los niños, y le da prioridad a la familia.

Ocasionalmente tiende a tener expectativas imposibles, y tienen la costumbre de menospreciar su cuerpo, se excede con las comidas y se deja envolver por la pasión y la sensualidad. Acostumbran a elegir parejas del elemento agua, de quienes absorben audacia y apoyo, y de los de fuego, a los que benefician suministrándoles sus ideas brillantes.
No se lleva muy bien con el elemento metal, que lo arruinan sin clemencia.

El elemento Madera se reconoce por el color verdoso. Estas personas deben cuidarse los ojos.

Con la madera se construyen refugios, por eso nos protege. La madera coincide con la creatividad del agua, y gracias a esa cualidad entienden y ayudan a los demás.

Los nacidos bajo el elemento madera tienen conflictos internos para someterse a las reglas y tradiciones donde el criterio severo está constantemente vigente. Este elemento nutre el agua y, a la vez, es combustible para el fuego. Su energía la aspira la tierra, y es subyugada por el metal.

La personas del elemento madera siempre obtienen grandes triunfos, y tienen una estructura codiciada. Sus vocaciones son versátiles. Ellos le conceden mucha importancia a la integridad, esforzándose por encontrar un lugar permanente en la vida. Creer en el éxito, y su capacidad de análisis le dan la coyuntura de afrontar los problemas más complejos sin titubear. Con un poder de convencimiento increíble, funcionan en muchas áreas, ya que siempre tienen como propósito el desarrollo y la transformación.

Su voluntad natural los ayuda a avanzar, y siempre encuentran respaldo y el capital necesario, ya que las otras personas cuentan con su capacidad para transformar ideas en riqueza.

Su principal obstáculo es llevar las cosas al extremo. La ira, y el coraje contenidos afectan absolutamente de forma negativa las energías de este elemento. Estar cerca de los árboles, y tocarlos equilibra el elemento madera.

En el trabajo, los individuos que pertenecen al elemento madera son ordenados, inteligentes e ingeniosos. En las actividades comerciales, son más fructíferos cuando el trabajo es en equipo, y está bien estructurado.

Ninguna área de trabajo relacionada con su elemento es desfavorable, pero las afines con el fuego pueden afectarlo en cierta medida, y las que se relacionan al metal los arruinarán.

Agua

El elemento más insensible y tenebroso, afín a el invierno, la longevidad y el planeta Mercurio, es el regente de la comunicación y de las afectos profundos.

Un individuo del elemento agua es sensible, pero hermético. Es caritativo, sentimental y frágil, odia las críticas y, por esa razón opta por actuar encubierto para resguardarse. Es cordial, elocuente y a la vez prudente, y sabe vencer los contratiempos sin presumir, con astucia, sagacidad y con perseverancia. De esta forma alcanza sus metas, indirecta y silenciosamente, dando la sensación de ser considerado y comprensivo.

Carecer de energías significa un problema para el elemento agua, si no aprende a nivelar su impotencia con la fuerza que procede de la reflexión y de la comunicación con las zonas profundas de su ser. El pánico es siempre el cordón guía de su vida dramática, a menudo vivida en la oscuridad por el temor a mostrarse y luchar.

En el plano profesional se cohíben por la competencia, sin embargo, rinden bien en lugares despejados y resguardados, como las escuelas, librerías, redacciones o cualquier lugar donde la comunicación, oral o escrita, sea el mecanismo primordial, y en compañía de colegas pacíficos que se ajusten a su personalidad, como, por ejemplo, alguien del elemento madera, con quien coincide el deseo de sabiduría, o con el metal, de quien obtiene decisión. Contrariamente no se adapta al elemento fuego, a quienes extingue y desalienta, ni a los individuos que pertenecen al elemento tierra, con quienes se siente limitado, condicionado, y obstaculizado.

El color negro, es el que les favorece, pero deben usarlo con mesura porque tiende a desanimarlos. Lo mismo sucede con los cuarzos oscuros, que atraen la suerte, como el azabache, el Ónix y la turmalina. Para sacar el mejor provecho de sus cualidades, sin llegar a los extremos, y para no dispersarse, la persona del elemento agua debe comenzar sus planes en el invierno.

En los periodos positivos las relaciones amorosas de este elemento trasmiten ternura, ecuanimidad y cautela, potenciales que les facultan conducirse con la sagacidad necesaria para remediar el origen de sus conflictos cuando aparecen.

Tienen una capacidad increíble para razonar, aunque su personalidad reservada, profunda y turbia los lleva a ser propensos a la melancolía. También presentan falta de seguridad y audacia. La creatividad es una de las principales características que representan a este elemento, también la adaptación, dulzura, piedad y simpatía. Sin agua no existieran los seres vivos en la tierra, este elemento es puro y cristalino, cualidades que tienen quienes pertenecen a este elemento.

Las personas que pertenecen a este elemento son afables y tienen un estupendo dominio sobre los demás. Tienen una intuición original, lo que les permite conquistar rápidamente. La resistencia, y la lucidez les da la oportunidad de predecir eventos.

Pueden percibir las facultades de los demás, inspirarlos de forma efectiva, pero son discretos y no dejarán que otros noten que los están utilizando.

Los abusos con el sodio o los alcaloides, y los prototipos de vida que se apartan de los estructuras comunes son muy perjudiciales para las personas nacidas bajo el elemento agua. Respetar las horas de sueño, mantener una salud mental y emocional relajada, y tener contacto con el agua restaura su armonía, y optimizan sus energías.

Los que pertenecen a un signo del elemento agua pueden tener profesiones afines con la madera y el fuego y ser exitosos, tener trabajos que se relacionen con su propio elemento, y declinar las carreras, funciones y trabajos que se relacionan con la tierra, ya que la tierra somete al agua.

Compatibilidad e Incompatibilidad

Son compatibles:

Rata – Dragón – Mono.

Se relacionan a través de sus personalidades que son muy activas y amistosas. Los tres son esforzados, impacientes, apasionados e intranquilos, y siempre tienen en su mente grandes aspiraciones. Están repletos de ideas, tienen la resistencia y el coraje que se requiere para ejecutarlas, aportando siempre soluciones innovadoras, inesperadas, sorprendentes y poderosas.

Tigre – Caballo – Perro.

Están conectados por la satisfacción que sienten cuando interactúan. Los une su pudor, dignidad, honradez y un obstinado altruismo. Perspicaces, astutos y comunicativos, aunque un poco violentos y estrictos, pelean vigorosamente contra las desigualdades, violencias e ilegalidades. Estos tres signos nunca venden su conciencia.

Buey – Serpiente – Gallo.

A estos tres signos los unen su formalidad, sensatez y la seriedad que alcanzan durante en su vida. Enérgicos, emprendedores e incansables, inflexibles en sus resoluciones, les gusta recapacitar y planificar con tranquilidad antes de obtener compromisos que lamentarían después. Su carencia es la frialdad, ya que para ellos la razón debe predominar sobre las emociones.

Conejo -Cabra -Cerdo.

Tres signos emotivos que además los une su creatividad. Instintivos, susceptibles, sensitivos y retraídos, se acomodan fácilmente a su hábitat, y como buenos aprovechados no les importa depender de los demás. Sus afirmaciones diarias siempre llevan implícitas las palabras: perfección, alianza y conformidad.

Nota: *Son enemigos contrarios los signos opuestos:*

Rata -Caballo	*Buey - Cabra*	*Tigre - Mono*
Conejo - Gallo	*Dragón -Perro*	*Serpiente - Cerdo.*

Mono

Características

El mono es el signo que más argumentos provoca. Unos lo ven cómo alguien perspicaz y muy jovial, otros lo catalogan de insolente y libertino, mientras tanto su pareja, vivirá hipnotizada de haber conquistado al ser más apasionado del universo. Su forma de ser lo adapta eruditamente al entorno donde está y sabrá proceder como se requiere en cualquier circunstancia. No obstante, si se siente confortable, posiblemente empiece a ser el payaso de la fiesta, y hasta lastime los sentimientos de alguien con sus sólidas polémicas. Al mono le inquieta poco los sentimientos de los demás ya que no suele entenderlos bien.

En una discusión es preferible ignorarlo, porque si intentas hacerlo razonar será en vano. Es conveniente aprender de sus habilidades para poder salir con éxito de las disputas.

En el amor es muy raro que se enamoren locamente. Ellos prefieren que sea el otro el que se enamore, sus pasiones son efímeras. Desean más una aventura de una noche a las responsabilidades del hogar, si por casualidad llegan al matrimonio, será después de una serie de acuerdos o tal vez de haber tropezado con alguien como él.

Los Monos son obstinados y siempre tienen una solución a los problemas que se enfrentan. Comenzar un negocio con ellos, aunque es agotador es una buena idea ya que ellos aportarán todo lo que saben y poseen para que el mismo triunfe. Es esta capacidad para triunfar la que les hace muy competentes para el éxito, por esa razón como mismo un día están abajo, el otro está en la cima.

Su poder de convencimiento los hace ser excelentes políticos, vendedores y en realidad cualquier meta que se propongan. El Mono no siente respeto por los demás o, quizás tiene un exceso de respeto por sí mismo, es aprovechado, presumido y engreído, definitivamente competitivo y muy diestro para esconder sus emociones mientras inventa sus sutiles fechorías.

En realidad, quien conozca bien al Mono le es muy difícil no admirar sus deseos de vivir, esa cualidad lo diferencia de los demás y por esa razón muchas veces lo envidian. La fama del Mono puede ser tan temblorosa como un péndulo, pero, no obstante, nunca proyecta una imagen de estar demasiado preocupado por lo que los demás opinan de él ya que en su mente está seguro de que él puede hacerles cambiar de opinión.

Esto no indica que sea apático o que repele las críticas. Al contrario, el Mono se atiene a la imparcialidad. Pero esencialmente debes estar al tanto, porque él lo único que tiene siempre en cuenta son sus propias creencias. Sus toques de gracia son funestos, pero cuando uno se recobra hay que aceptar que nunca le derrotaron con tanta elegancia y sutileza. Lo peor es que existe la coyuntura de que él te vuelva a envolver, y que caigas bajo el encanto de su carisma porque al final le coges aprecio y cariño.

El Mono no solamente posee una memoria excelente, sino que también es práctico, y nunca pierde tiempo en cosas, o personas por gusto. Cada Mono es único, no existen dos iguales y aunque está lleno de defectos las personas disfrutan de su compañía porque no pueden despreciar su destreza y sus mañas. La astucia del Mono es célebre, cuando pierde el Mono no se proyecta caprichoso ya que cuando el destino no está a su favor el cede.

En síntesis, el Mono es una persona afectuosa y afable, que está decidida a trabajar vigorosamente. Habitualmente logra lo que desea sin esforzarse, y quizás por esta razón se desinteresa rápido por lo conquistado. Debe practicar la tolerancia y la constancia porque si no nadie confiará nunca en él.

El Dragón le encanta su compañía por su buen criterio, y el Conejo, la Cabra, el Perro, el Caballo y el Buey se favorecerán de la movilidad del Mono y estimarán su capacidad y competitividad. El Gallo y el Cerdo necesitan de su inteligencia.

Evidentemente, con su mente suspicaz, la Serpiente nunca estará totalmente a gusto con el Mono. El Tigre es el objetivo primordial de sus diabluras y picardías. Cuando se enfrentan el Mono hace gala de su valentía, y al saber que el Tigre no le gusta perder se regocijará abrumándolo.

Monos

Mono de Metal

El Mono de Metal es travieso, y en ocasiones cae víctima de sus propios trucos. Este Mono es malmirado con frecuencia entre sus amigos.

Es muy vanidoso, se cuida muy bien, y disfruta de una buena vitalidad física. Ellos soportan grandes esfuerzos, y manifiestan un potencial excepcional para trabajar.

A nivel profesional, su rebeldía los hace alcanzar sus objetivos hasta el final, incluso si saben que están cometiendo un error, no se arrepienten. Estos Monos de Metal manipulan bien los escenarios que envuelven dinero y transacciones especulativas ya que eso los entusiasma.

El Mono de Metal cuando está enamorado, empaniza al ser que ama con caricias. Son sensuales, románticos y muy cordiales.

Este Mono posee una excelente memoria. Con esta memoria tan sofisticada tienen tendencia a ser rencorosos y permanecen infinitamente aprisionados en esa emoción funesta.

Se comunica de forma abierta, es abrupto, y sin tacto. Porque no se toma a sí misma muy serio, no se da cuenta cuánto pueden herir sus bromas.

Mono de Agua

El Mono de Agua disfruta siendo el centro de atención y están diseñados para ser líderes. Sin embargo, frecuentemente aplastan a otros con su carácter soberbio, por eso son repudiados en su círculo cercano.

Los Monos de Agua son muy frugales y reservados, y no le gustan las recomendaciones de otras personas. Es una persona llena de tácticas que le permiten comenzar negocios y terminarlos con éxito. Es muy desconfiado, pero muy servicial, y en cada momento estará tratando de sanar las relaciones que él mismo ha arruinado.

Es persistente, no cree en los imposibles y es hábil a la hora de encontrarle la parte positiva a cualquier dificultad. Este Mono conoce como funcionan los humanos y utiliza este razonamiento para alcanzar sus objetivos.

Puede sentir miedos descomunales, que verdaderamente no existen, y sin ellos su camino sería más cómodo. Su incertidumbre y temperamento confuso pueden ser los autores de estas inquietudes sin base. Ellos les dan muchas vueltas a las cosas, idealizan escenas, y les gusta adelantarse a los sucesos.

Mono de Madera

El Mono de Madera es alegre, y compasivo. Tiene un sentido de la responsabilidad enfatizado, y en ocasiones es perfeccionista. Le falta autoestima y es un idealista que le fascina lo nuevo y lo moderno. Al ser tan impaciente comete muchos errores y puede él mismo arruinar sus propios proyectos.

El Mono de Madera tiene muchas amistades genuinas que siempre le dan una mano cuando esa en dificultades, pero él no le gusta meterse en los asuntos ajenos.

Aman cualquier actividad que rete su intelecto, y que los mantenga alertas y ocupados, y si es algo divertido, mucho mejor. A este Mono de Madera le gusta mucho que le den atención, tener la razón y llevarse agradecimientos por sus triunfos. Esto puede crear un conflicto ya que cuando no obtienen lo que quieren se desaniman con facilidad. En las situaciones más serias tienen que poner mucho de su parte para no desistir.

Le dan mucha importancia a su área sexual, la belleza y atracción. Son detallistas y les gusta que su pareja se sienta feliz a su lado. Ocasionalmente son muy insistentes en sus propios puntos de vista y son propensos a crear un conflicto en cualquier relación.

Mono de Fuego

El Mono de Fuego siempre está ansioso por cosas nuevas y diferentes, tienden a ignorar las ventajas de las cosas tradicionales. Siempre intentan combinar lo novedoso con lo tradicional. A veces son excesivamente egoístas, razón por la que las personas que lo rodean se molestan con ellos.

Son calculadores y oportunistas. Tienen cabeza para los negocios y pueden intervenir en varios planes al mismo tiempo. Sus conceptos tienden a ser autónomos y alejados de los arquetipos.

El Mono de Fuego es admirado en el trabajo por su mente superdotada. Es muy enérgico, seguro de sí mismo y decidido. Son intuitivos en relación con el subconsciente colectivo, y poseen una excelente capacidad de organización.

El Mono de Fuego es el más fuerte de todos los Monos, le gusta controlar, y como resultado, los buscan por el buen juicio que hacen en relación con varias cosas. El Mono de Fuego siempre está abierto a nuevas ideas, y en momentos de tensión enseña su lado terco. Cuando esta obstinación los golpea, se vuelven inflexibles y tratan de imponer sus opiniones a los demás.

Mono de Tierra

El Mono de Tierra es optimista y audaz, es muy educado y respeta sus valores, y los ajenos. Posee mucha paciencia y con calma y confianza cumple sus metas.

Estos Monos no son gastadores, pero tampoco egoístas, al contrario, aman hacer obras caritativas que les hacen ganarse el respeto de la sociedad.

Aman la libertad y les dan a los demás la misma libertad que ellos desean. Sin embargo, se ocupan mucho de su familia y amigos. Esporádicamente luce excéntrico, sus pensamientos son difíciles, y le resulta dificultoso revelar sus emociones a otras personas.

El Mono de Tierra no le gusta entretener a los demás, sino que es sinceramente amable con quienes le importan y los ama. Tienen propensión a ser personas tensas porque les cuesta trabajo relajarse, específicamente cuando se trata de asuntos relacionados con su familia.

Los Monos de Tierra si exponen su parte negativa son inseguros, pero su determinación y concentración anulan esa cualidad. En general, se preocupan por la impresión que causan.

Predicciones 2023

Un año importante y de difíciles cambios para el Mono en el 2023, aunque tendrá oportunidades de terminar viejos planes. Este año requiere de ti un incremento de tu nivel profesional y muchas transformaciones afectivas, y para eso es importante que encuentres el equilibrio y la armonía entre el descanso y la actividad; la familia y el trabajo; y el placer y el sacrificio. Una mente serena es fundamental para que puedas tomar las decisiones acertadas, y puedas utilizar tu intuición.

Este año viene repleto de relaciones verdaderas, y de pasiones profundas. Tendrás el potencial de sentir conexiones con tus parejas algo que te hará muy feliz. Si no tienes pareja, pero deseas tener una, este año es exclusivo para ti, aunque existe la posibilidad de permanezcas soltero. El caso es que, aunque estas buscando el amor ideal, y en esa búsqueda vivirás muchas emociones, el deseo de libertad no te abandonará y especularás en todos los privilegios que entraña ser soltero. Esto te impedirá el poder formar una relación seria.

Existe la posibilidad de que te veas envuelto en una serie de aventuras románticas, las cuales te parecerán serias, pero con el tiempo, se acabarán. El amor para ti puede aparecer a cualquier hora, y en cualquier lugar, pero es aconsejable que visites lugares decentes para encontrar una pareja. Mantente positivo que la persona indicada llegara a tu vida.

Si ya tienes pareja, este será uno de tus mejores años. El amor se consolidará con el pasar de los meses. La pasión será la clave del éxito y, si existía alguna crisis con tu pareja, este año será el perfecto para poder solucionarlo. Disfrutarás con mayor ímpetu del contacto y de la atención que recibes por parte de esa persona que amas.

La honestidad estará presente en tu relación y la seguridad dominará tu vida sentimental, lo cual reconocerás intensamente. Tu pareja se sentirá querida por ti, la simpatía entre ambos predominará y muchas relaciones pueden llegar a convertirse en matrimonio.

Este 2023 estarás ocupado, y es posible que cargues sobre tus hombros obligaciones adicionales. Aprende a encomendar algunas de tus funciones a tus colegas porque de esta forma evitarás recargarte de estrés laboral. No temas pedir ayuda si lo necesitas, el trabajo cuando se hace en equipo es más seguro.

Económicamente saldrás victorioso, y tu presupuesto se ajustará a la medida de tus necesidades, pero debes conocer cuál es la mejor forma de administrarte.

Tus ingresos serán estables y esto te dará tranquilidad. Evita ser indulgente con los que te rodean, y concreta un plan económico que te ayude a manipular de forma apropiada tu dinero.

Lograrás mejorar tu salud física y mental. No existen problemas serios. Disfrutarás de un sistema inmunológico que te ayudará a estar saludable. Tu optimismo en este nuevo año te ayudará a mantener una mejor salud en todos los aspectos. De todos modos, debes empezar a practicar actividades al aire libre

La alimentación debes vigilarla, evita el alto consumo de alimentos nocivos que podrían provocarte cansancio y la debilidad. Es saludable que separes periodos de tiempo para dedicarte a descansar y despejar tu mente.

En tu vida familiar pueden presentarse algunos problemas que serán de resolver. Pueden surgir algunas crisis familiares y lo mejor es que te mantengas al margen, pues de lo contrario, esto puede afectar tu vida privada y tu imagen. Todos los miembros de tu familia sufrirán muchas transformaciones, no obstante, no serán negativas.

Durante este año tendrás el privilegio conocer muchas amistades nuevas y la mayoría de ellas será en tu ambiente de trabajo. Conocerás amigos que te mostrarán nuevos caminos y recordarás que no estás solo en el mundo.

Combinación de los Signos Zodiacales con el Horóscopo Chino

Cuando combinas los horóscopos Orientales y Occidentales, es increíble la conexión que existe y lo certeros que son.

Los horóscopo chino y el occidental son los que más se utilizan. Si tienes la posibilidad de entenderlos profundamente esto te facilitará utilizarlos y tener un enfoque centralizado.

Ambos horóscopos están basados en la posición de las estrellas, pero en el horóscopo chino se utilizan 28 constelaciones, y en el occidental 88. Los dos coinciden en que tienen12 segmentaciones esenciales. El horóscopo chino está fundamentado en 12 animales que gobiernan cada año, y el occidental en 12 signos que rigen cada mes.

El Horóscopo chino se basa en el calendario lunar, y es el horóscopo más viejo que se conoce hasta ahora. Probablemente tu signo zodiacal coincida con tu signo en el horóscopo chino, pero eso no ocurre con frecuencia. Si ese fuera el caso las predicciones serían más certeras.

Existe una equivalencia entre los signos de ambos horóscopos:

Aries/Dragón, Tauro/Serpiente, Géminis/Caballo, Cáncer/ Cabra, Leo / Mono, Virgo/ Gallo, Libra / Perro, Escorpión / Cerdo, Sagitario / Rata, Capricornio/Buey, Acuario / Tigre, y Piscis / Conejo.

Combinaciones

Mono

Aries /Mono

Las personas con estos signos son persuasivas. A estos individuos les gusta reírse. Exploran el mundo con entusiasmo y alegría, y además son muy inquisitivos.

No es responsable y cuidadoso con los negocios, pero al ser tan activo usualmente triunfa. Confía en sus habilidades, pero si fallan, se enojan con todo el mundo, incluyendo a ellos mismos. La peor humillación para ellos es quedarse atrás. No escucha las críticas de otras personas, pero es susceptible a ellas.

Tauro/ Mono

Esta es una combinación de potencia. Las personas con estos signos son sociables y poseen un infinito optimismo. Es alguien en quien puedes confiar, bajo cualquier situación mantienen su mente positiva.

Es despreocupada por el dinero, y no está interesada en la especulación. Es exitoso en los negocios, y no necesita esforzarte tanto como los otros signos. Siempre pone en primer lugar los intereses de las personas que ama y se sacrifica por ellos.

Géminis /Mono

Esta combinación de signos da personas impulsivas e intranquilas. Te puedes comunicar muy fácilmente con ellos, y las emociones nunca se cruzan en el camino para impedirles hacer lo correcto.

Son entusiastas, con un intenso deseo de progresar. Conocen las técnicas para vencer a sus enemigos. Tienen la capacidad de permanecer bajo presión por mucho tiempo y la influencia del signo Géminis los transforma en una persona versátil.

Cáncer /Mono

Estas personas tienen una mente aguda. Posee una personalidad enigmática, peo con capacidad de sentir profundamente. Estos individuos se caracterizan por vivir sofocados por sus sentimientos, escuchar su intuición. Son un poco tímidos, pero al mismo tiempo insaciables y seguros de sí mismos. Son desconfiados cuando tienen que comenzar una relación amorosa, temen ser lastimados. Son inestables con su temperamento y por esa razón nunca sus ideas muy claras para mantener en orden su vida.

Leo/ Mono

Esta persona es muy receptiva. Son líderes por excelencia, saben dónde quieren llegar y para ese objetivo ponen toda su dedicación.

No les temen a los obstáculos, más bien se fortalecen ante ellos. Son idealistas y perspicaces. Pueden llegar a ser un poco tercos en sus opiniones, pero siempre mantienen una sinceridad incondicional. Les atrae el lujo y el poder. Son capaces de utilizar trampas para deshonrar a sus enemigos. También pueden asumir conductas de prepotencia.

Virgo/ Mono

Esta es una combinación compleja. Actúan diplomáticamente y sin reservas. Son muy discretos, pero divertidos. Disfrutan cuando ayudan a otras personas a resolver sus problemas.

Son encantadores, les gusta aprender y tienen la facultad de analizar los contextos más complicados. Son tan observadores e intuitivos facultados para ver todas las partes de un asunto. Es práctico, voluntarioso y astuto, siempre busca la excelencia. Posee el don de la prudencia.

Libra /Mono

Estas personas un gran corazón. Se involucran en los problemas de los demás, porque los sienten. Detestan las injusticias, y es muy sociable. No toleran la crueldad, son muy diplomáticos ante los hostilidades. Les gusta trabajar en equipo, son curiosos, una virtud que cuando la utilizan en descubrir cosa nuevas es muy beneficiosa, pero también puede convertirse en un defecto si les da por entrometerse en los asuntos de los demás. Nunca dan pasos en falso, porque la elegancia no la pierden. Son una mezcla de exquisitez y la dinamismo.

Escorpión/ Mono

Estos son los signos de las personas multifacéticas. Son personas con capacidades clarividentes, son misteriosas e independientes. Usualmente les gusta crear un escudo para proteger sus emociones.

Son individuos bohemios, y aunque parezca que están alejados del mundo en realidad están juzgando con su mentalidad critica. Son poderosos, su fuerza de voluntad es increíble a pesar de eso, son fácilmente afligidos por las condiciones que los rodean. No saben mantenerse su boca callada, llegando a ser muy críticos. Son buenos amigos de las personas que ellos consideran merecen respeto.

Sagitario/ Mono
Esta combinación es típica de personas versátiles y aventureras. Tienen la mente siempre abierta a nuevas experiencias.

Son confiables, y siempre están dispuestos a batallar por las buenas causas, aunque les cueste la vida. Les encanta comenzar proyectos y aprender cosas nuevas. Son muy buenos organizadores, y generosos. Tienen un gran temperamento que aparece en circunstancias difíciles.

Capricornio /Mono
La combinación de estos signos da individuos responsables, y dispuestos a perseverar para conseguir sus objetivos.

Son personas justas, pero su personalidad algunas veces es introvertida, y un poco insegura. Son personas en las que puedes confiar, son muy respetuosas. Son excelentes administrando y en todo lo relacionado a la economía. Expresar sus sentimientos algunas veces es muy duro para ellos, sin embargo, cuando se entregan son apasionados en la intimidad.

Acuario/ Mono
Los individuos con esta combinación son famosos por sus fantasías. Son super originales y sinceros.

Generosos, e independientes, hacer amistades es vital para ellos, aunque su círculo de amistades es grande e inconstante. Son sociables y estar ocupados con sus amigos divirtiéndose es su prioridad. Son compasivos, cuando entregan algo lo hacen desinteresadamente. Usualmente brillan en cualquier profesión que les dé la oportunidad de utilizar sus talentos.

.

Piscis /Mono

Esta combinación está muy interesada en los problemas sociales, pero detestan que los juzguen, y es una ofensa grandiosa si alguien los critica. Nunca están de mal carácter, y si este fuera el caso no lo proyectan. Tratan bien a todo el mundo, disfrutan del tiempo que pasan con sus amistades, y son sociables. Son los individuos perfectos a la hora de programar una reunió social, y siempre tienen disposición de divertirse.

Son transparentes, y no creen en la maldad humana. Tienen facilidad para que las personas confíen en ellos.

Ritual para comenzar el Nuevo Año Chino 2023

El Año Nuevo Chino debes recibirlo con alegría, música y una espléndida comida familiar. Es un período para festejar, y concentrarse en la suerte y prosperidad para el próximo año. Debes usar ropa nueva porque esto simboliza un nuevo comienzo. Un color resonante, como el rojo, que generalmente representa la armonía, buena suerte y bienestar, es genial para este día. Evita ponerte blanco o negro durante la espera del Año Nuevo, ya que estos son los colores que usualmente las personas visten para los funerales.

Hacer una limpieza para estar preparado para el Año Nuevo Chino, en forma de ritual, es muy beneficioso. Con esta limpieza se intenta alejar los malos espíritus que podrían estar escondidos en las esquinas de la casa. Usualmente las personas cambian los muebles o los mueven de lugar, retocan la pintura de su hogar, reparan lo que esta dañado, y lavan las ventanas con agua abundante.

Ritual de Purificación Energética

Esa misma tarde, antes de que comience el año, debes limpiar tu casa, abrir todas las ventanas para que se ventile, y poner flores blancas y amarillas en todos las áreas comunes de tu hogar. Específicamente en la entrada debes colocar incienso de canela, sándalo, eucalipto o lavanda, o un sahumerio de Palo Santo, Salvia Blanca o Vainilla.

Debes sahumar bien la casa. Sahumar es la acción de crear humo, generalmente usando inciensos, para aromatizar el medio ambiente, y para emplearlo como una instrumento de depuración y limpieza. Su particularidad es que expulsan una fragancia placentera, a la cual se le adjudican propiedades relajantes. Muchas personas usan los sahumerios con el objetivo de cambiar las vibraciones energéticas de su hogar.

Si tienes un sahumerio que vas a pasar por todas la casa, recuerda que debes realizar movimientos circulares hacia la derecha. Si tienes la intención de purificar un área personal, debes comenzar por tu propio cuerpo comenzando por tus pies hasta la cabeza, y después regresar a la parte del corazón, siempre haciendo círculos leves.

Como este es el año del Conejo es recomendable tener un par de conejos de metal o madera en tu hogar, y si tienes la posibilidad, algunos de cristal ya que estos representan el elemento del año: el agua.

Sino tienes esa oportunidad entonces puedes simbolizarlo con imágenes, retratos, o figuras. Considéralo un talismán de la suerte, porque al final el conejo se esfuerza para salvaguardar la prosperidad. Traerá mucha riqueza a tu hogar.

Otra recomendación para el 2023 es que pintes alguna de las paredes de tu hogar de azul celestial. Este color es uno de los colores de la prosperidad para este nuevo año. Mucho cuidado con atiborrar tu casa de azul, nunca debes olvidar que mantener el equilibrio es lo más importante. Si te excedes en el color azul estarás atrayendo desánimo o apatía.

Otra alternativa u opción, es llevarlo contigo, en forma de brazalete, aretes colgantes, péndulos, dormilonas, en un anillo, llavero o un talismán dentro de tu bolsillo, o cartera. Si tienes las dos cosas el conejo y el agua, esto formará una asociación de riqueza, resguardo y buena suerte en tu vida, en tu hogar u oficina. Ten en mente siempre que todo se acompaña de constancia y esfuerzo.

Si puedes comprarte unas plantas como la Albahaca que tiene una gran capacidad de generar abundancia, además de su poder para alejar y trasmutar las malas vibraciones, no te arrepentirás. Tener Jazmín sería otra buena opción, tu hogar estará siempre aromatizado y con buenas vibraciones. Debes tener jazmines frescos en tu casa siempre que tengas la posibilidad, pero lo más vital es que el primer día del año chino estén en cualquier rincón de tu hogar.

La Decoración de tu Hogar de acuerdo con el Feng Shui

El Feng Shu es una filosofía China que examina el entorno, basándose en la teoría del Yin y el Yang, y los Cinco Elementos.

Los expertos han demostrado que zonas de la antigua china eran escogidas regularmente en territorios que están circundados de montañas y tenían un río. Solamente no era porque esas zonas proporcionaban los criterios primordiales para sobrevivir, sino que lo hacían para cumplir con los patrones que establece el Feng Shui.

La idea principal del Feng Shui es lograr el equilibrio entre la humanidad y el Universo. Si existen buenas energías, hay equilibrio, ya que el Feng Shui incide en el destino de cada persona.

A través del estudio del Feng Shui, los seres humanos pueden trabajar en su compatibilidad con la naturaleza, su entorno y sus vidas, para lograr más prosperidad, y salud en la vida.

Teoría de los Cinco Elementos

La teoría de los Cinco Elementos es un componente del Feng Shui. Estos Elementos son importantes para precisar el Feng Shui adecuado en un espacio determinado. Estos elementos son: Fuego, Tierra, Metal, Agua y Madera, y cada uno tiene una particularidad que simboliza aspectos concretos de la vida.

Los Cinco Elementos son la expresión que utiliza el Feng Shui para explicar la estructura de la naturaleza, y estos elementos actúan en conjunto y siempre deben estar equilibrados.

El Feng Shui para los Doce Signos del Horóscopo Chino

Signo de la Rata

El Agua favorece a las personas que nacieron bajo el signo de la Rata, las ayuda a obtener prosperidad. Para obtener abundancia deben poner una pecera con peces dorados en la parte Norte de su oficina.

Signo del Buey

Las personas de este signo lograrán obtener prosperidad si utilizan el elemento Fuego. Para lograrlo deben poner artículos de porcelana o cerámica en sus negocios u oficinas, y en su hogar.

Signo del Tigre

El elemento tierra es el que deben utilizar los individuos que pertenecen al signo del Tigre. Deben agregar algo relevante que simbolice este elemento tierra. Una maceta con una planta, o una flor natural que crezca puede traerle la prosperidad sus vidas.

Signo del Conejo

Para tener suerte y atraer la abundancia, las personas del signo del Conejo requieren un elemento secreto de tierra en sus vidas. Debe esconder un cuarzo de jade o de Citrina en la parte Noreste de su casa u oficina.

Signo del Dragón

El Noroeste es excelente para los que nacieron bajo el signo del Dragón. En esta dirección deben poner una recipiente con agua clara mezclado con un poquito de tierra. Otra opción es colocar una Flores de Loto en un cuenco.

Signo de la Serpiente

La prosperidad llegará a la vida de los individuos que pertenecen al signo de la Serpiente si utilizan objetos de Metal, específicamente el Oro y la Plata, en su hogar u oficinas.

Signo del Caballo

El Noroeste es la posición recomendada para las personas del signo del Caballo para obtener un gran capital. Deben poner un rana de Metal en el Noroeste de su hogar o negocio.

Signo de la Cabra

El Norte es el punto cardinal apropiado para las personas que nacieron bajo el signo de la Cabra. Deben poner una cajita de madera, u otro objeto de madera, en el Norte de sus oficinas u hogar. Si utilizan una cajita de Madera, adentro deben poner un objeto afín a su profesión en la misma. Por ejemplo, un escritor puede colocar un lápiz en la cajita.

Signo del Mono

Para que la prosperidad llegue a la vida de las personas que nacieron bajo el signo del Mono, deben colocar en la parte Oeste de la casa o el negocio, una planta de su tamaño, o más grande, en ese punto cardinal.

Signo del Gallo

La buena suerte llegará a la vida de los que pertenecen al signo del Gallo, si colocan algunas semillas en un vaso, botella o tazón de color rojo oscuro. No deben utilizar nada de Metal.

Signo del Perro

Las personas que pertenecen al signo del Perro deben prescindir los elementos Agua y Tierra en sus vidas. Pueden poner troncos o ramas de plantas en su oficina u hogar, pero no pueden ponerlo en Agua o Tierra.

Signo del Cerdo

Las personas que nacieron bajo el signo del Cerdo requieren el elemento Fuego en sus vidas para traer la buena suerte. Pueden colocar una bandeja de cerámica, u otros artículos hechos de barro en sus casas oficinas. Los artículos de cerámica son pasados por el fuego para su terminación.

Acerca del Autor

Además de sus conocimientos astrológicos, Alina Rubi tiene una educación profesional abundante; posee certificaciones en Sicología, Hipnosis, Reiki, Sanación Bioenergética con Cristales, Sanación Angelical, Interpretación de Sueños y es Instructora Espiritual. Ella posee conocimientos de Gemología, los cuales usa para programar las piedras o minerales y convertirlos en poderosos Amuletos o Talismanes de protección.

Rubi posee un carácter práctico y orientado a los resultados, lo cual le ha permitido tener una visión especial e integradora de varios mundos, facilitándole las soluciones a problemas específicos. Alina escribe los Horóscopos Mensuales para la página de internet de la American Asociation of Astrologers, Ud. puede leerlos en el sitio www.astrologers.com. En este momento escribe semanalmente una columna en el diario El Nuevo Herald sobre temas espirituales, publicada todos los viernes en forma digital y los lunes en el impreso. También tiene un programa y el Horóscopo semanal en el canal de YouTube de este periódico. Su Anuario Astrológico se publica todos los años en el periódico "Diario las Américas", bajo la columna Rubi Astrologa.

Rubi ha escrito varios artículos sobre astrología para la publicación mensual "Today's Astrologer", ha impartido clases de Astrología, Tarot, Lectura de las manos, Sanación con Cristales, y Esoterismo. Tiene un video semanal sobre temas de astrología en el canal de YouTube del Nuevo Herald. Tuvo su propio programa de Astrología trasmitido diariamente a través de Flamingo T.V., ha sido entrevistada por varios programas de T.V. y radio, y todos los años se publica su "Anuario Astrológico" con el horóscopo signo por signo y otros temas místicos interesantes.

Es la autora de los libros "Arroz y Frijoles para el Alma" Parte I, II, y III una compilación de artículos esotéricos, publicada en los idiomas inglés y español, "Dinero para Todos los Bolsillos", "Amor para todos los Corazones", "Salud para Todos los Cuerpos, Anuario Astrológico 2021, Horóscopo 2022, Rituales y Hechizos para el Éxito en el 2022 Hechizos y Secretos, Clases de Astrología, Rituales y Amuletos 2023 y Horóscopo Chino 2023 todos disponibles en siete idiomas.

Tiene su canal de YouTube con temas de psicología, esoterismo y astrología, donde puedes disfrutar de videos sobre las almas gemelas, la rencarnación, el lenguaje corporal, los viajes astrales, el mal de ojo, los hechizos y muchos temas más.

Rubi habla inglés y español perfectamente, combina todos sus talentos y conocimientos en sus lecturas. Actualmente reside en Miami, Florida.

Para más información pueden visitar el website www.esoterismomagia.com

Angeline A. Rubi es la hija de Alina Rubi. Desde niña se interesó en todos los temas esotéricos y practica la astrología y Kabbalah desde los cuatro años. Posee conocimientos del Tarot, Reiki y Gemología. No solo es autora, sino editora de todos los libros publicado por ella y su mamá.

Para más información pueden contactarla por email: rubiediciones29@gmail.com

www.ingramcontent.com/pod-product-compliance
Lightning Source LLC
LaVergne TN
LVHW010502160826
845677LV00012B/2619

* 9 7 9 8 3 7 4 6 7 5 7 5 7 *